如何与
班主任沟通
（家长版）

刘杰　编著

人民邮电出版社

北　京

图书在版编目（CIP）数据

如何与班主任沟通：家长版 / 刘杰编著. -- 北京：
人民邮电出版社，2025. -- ISBN 978-7-115-65774-9

Ⅰ．G782

中国国家版本馆 CIP 数据核字第 20247DF788 号

内 容 提 要

《如何与班主任沟通（家长版）》是一本专为中小学生家长设计的实用指南。本书深入探讨了家长与班主任沟通的重要性，并提供了一系列的沟通策略和技巧。通过丰富的实际案例分析，本书可以指导家长如何在不同情境下与班主任进行有效沟通，包括如何介绍自己的孩子和家庭状况、如何向班主任了解孩子在学校的表现，以及如何向班主任提需求。此外，本书还涉及了处理校园欺凌、争吵、说谎等棘手问题，为家长提供了全面的指导和支持。通过本书的学习，家长将能够更加自信地参与到孩子的教育过程中，与班主任形成合力，共同促进孩子的健康成长。

◆ 编　著　刘　杰
责任编辑　裴　倩
责任印制　马振武

◆ 人民邮电出版社出版发行　　北京市丰台区成寿寺路 11 号
邮编　100164　电子邮件　315@ptpress.com.cn
网址　https://www.ptpress.com.cn
三河市中晟雅豪印务有限公司印刷

◆ 开本：880×1230　1/32
印张：3.75　　　　　　　　 2025 年 4 月第 1 版
字数：87 千字　　　　　　　2025 年 4 月河北第 1 次印刷

定价：29.80 元

读者服务热线：(010)81055296　印装质量热线：(010)81055316
反盗版热线：(010)81055315

目录

第1章
如何与班主任相处

第2章
如何介绍自己的孩子和家庭情况 _____

第3章
如何向班主任了解孩子在学校的表现 _____

第4章
如何向班主任提需求

第 5 章
如何处理纠纷与"疑难问题"

1

第 1 章

如何与
班主任相处

1.1 哪些类型的家长容易让班主任敬而远之？自查你是否"上榜"

在孩子成长的过程中，家长与班主任的相处是至关重要的一环。然而，家长与班主任相处的方式各有不同。今天，我们先来聊聊四种常见的"劝退"班主任的家长。

首先，是那些**"脸皮薄"的家长**。他们总是担心自己的询问会给班主任带来麻烦，不好意思打扰，即便心中有疑问，也常常选择保持沉默。这种类型的家长需要明白，与班主任沟通是为了孩子更好地成长，因此不必过分拘谨。

第二类家长，则是那些**从小就怕老师，现在见到班主任仍然会紧张的**。对他们而言，与班主任面对面交流简直是一场考验。但其实，放松心态，平等交流，会发现班主任也是很好沟通的。

再来说说**"佛系"家长**。他们心态平和，从来不主动与班主任沟通，相信如果孩子有问题，班主任自然会来找他们。这种"静待花开"的态度固然有其从容之处，但家长也应适当主动，毕竟家校合作形成合力，才能更好地促进孩子成长。

最后一种家长，则是那些**特别热情，没事儿就喜欢找班主任漫无目的地聊天的**。他们的积极性值得肯定，但也要注意，班主任需要同时面对几十个孩子，与家长的相处是"一对多"的格局，因此如果没有特别明确的沟通主题，不要过于频繁地打扰班主任。

类型1
脸皮薄，
不好意思打扰
班主任

类型2
从小就怕老师，
现在一见班主任
仍然紧张

类型3
佛系，
孩子有问题，
班主任自然会来找

类型4
特别热情，
没事儿就来
找班主任聊天

1.2 什么时候需要同班主任沟通？掌握这几个关键节点

通过与班主任在关键节点的沟通，家长可以更加了解孩子在学校的情况，及时发现问题并寻求解决方案，从而更好地支持孩子的学习和成长。

作为家长，在以下关键节点，最好能与班主任进行一次沟通。

学期初： 在新学期开始时，与班主任沟通可以帮助家长了解本学期的教学计划、学习目标以及班级的整体规划。这有助于家长更好地配合学校教育，为孩子的学习提供支持和指导。

期中考试后： 期中考试是一个重要的学习节点，通过与班主任沟通，家长可以了解孩子在班级中的学习状况、综合表现以及需要改进的地方。这有助于家长及时调整对孩子的学习辅导策略。

发现孩子有特殊变化时： 家长如果发现孩子在学习态度、情绪或行为上有明显的变化，应及时与班主任沟通。班主任可能会提供更全面的观察和建议，帮助家长理解和应对孩子的变化。

学校活动前： 当学校有重要的活动，如比赛之前，与班主任沟通可以帮助家长了解活动的具体要求、流程和注意事项，从而更好地支持和陪伴孩子。

学期末： 在学期结束时，与班主任沟通可以帮助家长了解孩子在整个学期的表现，包括学习成绩、课堂参与度、与同学的相处情况等。这有助于家长对孩子的学习和生活有更全面的了解，并为下一个学期做好充分的准备。

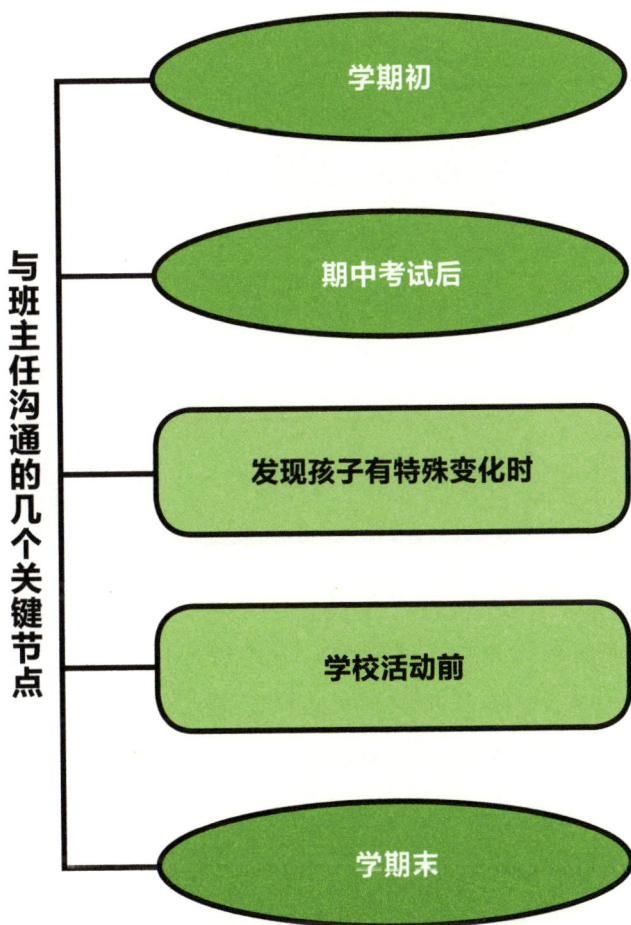

与班主任沟通的几个关键节点

- 学期初
- 期中考试后
- 发现孩子有特殊变化时
- 学校活动前
- 学期末

1.3 如何与班主任沟通？
微信、打电话还是见面，有讲究

与班主任沟通是每位家长都会面临的问题，有效的沟通能更好地了解孩子在校情况，促进家校合作。那么，如何通过微信、电话或见面与班主任沟通呢？

● 微信

在发送添加好友的请求时，需要让班主任清楚地知道你是哪位学生的家长。

例如：

> 您好，张老师，我是 ×× 的妈妈 ×××。

发送完好友请求后，需要耐心等待班主任的回应。班主任除了教学工作外，还有许多其他的管理和事务型工作需要处理。他们可能无法立即回应所有的好友请求。耐心等待是对他们工作和生活的尊重。

当加上班主任的微信后，请热情主动地再次介绍自己，说明你希望保持沟通的意愿，结尾表达一下你对班主任工作的感激或祝福，文字的语气应该是诚恳和尊重的。

例如：

张老师好，我是 ×× 的妈妈 ×××，如果以后有任何需要沟通或配合的地方，咱们可以微信联系。先不打扰了，祝您生活愉快！

加为微信好友后，除了直接聊天沟通，我们还可以通过朋友圈与班主任进行更丰富的互动。家长可以分享孩子在家里的学习情况，比如孩子认真完成作业的照片、阅读课外书籍的视频，或者展示孩子在学习上取得的进步和成果。这样不仅能让班主任更全面地了解孩子在家的学习状态，也能激发班主任对孩子的关注和鼓励。

此外，家长还可以分享全家出游的照片和视频。这些内容不仅能展现家庭的和谐与快乐，还能让班主任感受到孩子在家庭环境中的成长和幸福。在分享时，家长可以配上一些积极的文字描述，表达对孩子成长的感慨和对家庭生活的珍惜。

● 打电话

作为家长，在与班主任打电话沟通时，应注意以下几点。

在打电话之前，最好先了解班主任的工作时间，避免在上课时间或其他忙碌时段打扰。可以选择在课间休息、午休或下班后进行沟通。

在拨打电话之前，先明确自己想要了解或讨论的问题，是有关孩子的学习情况、行为问题，还是需要请假等事宜。这样可以使沟通更加高效。

电话接通后，首先要自我介绍，并确认对方是否方便接电话。在沟通过程中，要使用礼貌用语，表达对班主任工作的尊重和感激。

在沟通时，尽量简洁明了地表达自己的问题和需求，避免冗长的叙述和无关紧要的闲聊。这样可以帮助班主任更快地理解并回应。

当班主任给出建议或信息时，耐心倾听，不要打断。如果有不明白或需要进一步了解的地方，可以在对方说完后提出。

在沟通结束时，向班主任表示感谢并道别。这不仅是礼貌的体现，也有助于建立良好的家校关系。

● 见面

保持友好和尊重的态度，是与任何人沟通的基本要求。同班主任第一次见面也是一样。微笑、握手，保持得体的形象，这都有利于给对方留下良好的第一印象。**就算你平时不太注意自己的形象，在与班主任见面时也需要讲究一些，因为这不仅影响着班主任对你的看法，也间接影响着班主任对孩子可能持有的态度。**

第一次见面时，首先可以向班主任表达对其教育工作的敬意和感谢。这样的态度能够拉近彼此的距离，为后续的交流奠定良好的基础。

例如：

老师您好！您不仅要教书，还得管那么多孩子，平时工作那么辛苦，还能抽时间见面，真的很感谢！我家孩子经常提起您，说您是个特别负责任、有爱心的老师，她特别喜欢听您讲的课。

接下来，家长可以主动介绍自己，包括孩子的情况，比如孩子的兴趣爱好、优缺点，爱人的情况，家庭的情况，等等。还可以分享自己对孩子在学校的期望。具体如何介绍，会在后面详细讲。

在见面结束时，再次表示感谢，并强调你愿意与班主任配合，共同为孩子的教育努力。

老师，我家孩子不爱学习，就喜欢跑到外面玩儿。拜托您一定好好教育他。

家校共同参与，形成合力，才是好的教育。

无论是哪种沟通方式，微信、打电话还是见面，非常关键的一点，就是要表达出愿意与班主任合作、配合一起解决问题的意愿。直接"拜托"班主任去"好好教育孩子"，把全部责任都推到班主任身上，这种态度会让班主任感到压力，也不利于建立良好的家校合作关系。

1.4 与班主任沟通，不知道说什么？聊这三个话题，让你的孩子进步更快

与班主任沟通时，不知道说什么，经常很尴尬？其实，沟通是了解孩子、帮助孩子进步的好机会。学会与班主任聊以下话题，能够真正让孩子受益。

● 上课表现

上课表现对于小学阶段的孩子来说至关重要，它不仅影响孩子当前的学习成绩，还关系到他们学习习惯的养成、思维能力的发展、自信心的建立以及社交技能的提升。

小学阶段是孩子们系统学习基础知识的关键时期。上课时的表现直接影响孩子对知识点的理解和掌握程度。如果孩子在课堂上能够专注听讲，积极参与，那么他们将能够更牢固地掌握所学内容，为后续学习打下坚实的基础。

良好的上课表现不仅关乎当前知识点的学习，更重要的是它有助于孩子养成良好的学习习惯。比如，认真听讲、及时记录、积极思考、主动提问等。这些习惯将伴随孩子整个学习生涯，对他们的后期学习具有深远的影响。

课堂上的互动和讨论有助于孩子们锻炼思维能力，特别是批判性思维和解决问题的能力。通过与老师和同学的交流，孩子们可以学会从不同角度看待问题，拓宽思维视野。

上课时的积极参与和正确回答问题能够增强孩子的自信心。当孩子们在课堂上得到老师和同学的认可和赞扬时，他们会更加自信地面对学习挑战。

对于上课表现，家长应重点向班主任了解

能否保持注意力集中，认真、专注听讲

是否积极回答问题

是否积极思考、主动提问

是否积极参与课堂讨论

能否听得懂，跟上老师的教学进度

上课时的情绪状态如何，愉悦、积极，
还是焦虑、缺乏兴趣、厌学

● 学习能力

  以下几个方面的学习能力培养对于小学阶段非常重要。有机会与班主任沟通时，也需要多关注孩子这些方面的能力。

阅读理解能力

如果能够养成良好的阅读习惯，提高阅读速度和理解能力，将有助于孩子更好地吸收课本知识和拓展阅读的内容。

逻辑思维能力

提升孩子的逻辑思维能力，能够使他们在长大后更好地理解复杂问题并找出解决方案。数学练习、科学实验以及益智游戏等，都是锻炼逻辑思维能力的有效手段。

自主学习能力

教会孩子如何制订学习计划、合理安排时间，并培养他们独立完成作业和预习、复习的习惯。这样，孩子就能逐渐学会自我管理和自我激励。

专注力和记忆力

提高孩子的专注力和记忆力，对于取得优异成绩的重要性不言而喻。拼图、记忆游戏等都可以锻炼专注力和记忆力。

表达能力

无论是在学术演讲、工作汇报还是日常沟通中，优秀的表达能力都是一项宝贵的技能。多参加课堂讨论、演讲比赛等活动，能够有效提高孩子的口头表达能力；引导孩子写日记或故事，能够锻炼他们的书面表达能力。

团队合作能力

鼓励孩子多参与学校组织的各种团队活动，培养他们的团队合作精神和领导能力，有助于孩子在未来更好地融入集体和社会。

批判性思维

教会孩子如何分析问题、评估信息，并培养他们独立思考和判断的能力，这对于培养孩子的创新思维和解决问题能力非常重要。

● 人际交往

除了学习能力的培养，家长还应关注孩子是否有好的性格，是否在同学中拥有良好的人际关系，是否有要好的伙伴。

在校园生活中，孩子可能会遇到许多人际交往的问题，例如：

不小心弄坏了同桌的文具，该怎么办
同学伤心难过时，如何安慰
周末不想跟同学去公园，如何拒绝邀请
被同学取了难听的外号，如何应对
……

这些看似是"小事"，实际上对于孩子的心理成长和社会适应能力有着深远的影响。在校园里，孩子如果能够与同学们和睦相处，建立起真挚的友情，会更有安全感，更容易形成积极、健康的心理状态。相反，如果孩子被孤立或排挤，可能会对他们的自信心和自尊心造成打击，甚至导致抑郁、焦虑等心理问题。

第3章至第5章，我们会分别详细介绍如何了解孩子的上课表现、学习能力和人际交往情况。

警惕！当孩子有这些迹象时，可能说明他遇到了人际交往的难题

变得低落、易怒
或者过于沉默

突然变得不愿意参加社交活动，
或者原本喜欢与人交往的孩子
突然变得孤僻

经常提到与同学之间的不愉快，
或者总是抱怨某个同学

50分

学习成绩下滑

自卑、缺乏自信

不想
上学

开始表现出对上学的抵触情绪，
或者总是找各种理由不去学校

1.5 与班主任相处的四大黄金法则，让你不再惧怕沟通，游刃有余

法则 1　理解班主任的工作压力，少点内心戏

班主任的日常工作是极其繁忙的。他们不仅需要投入大量时间进行教学，如备课、授课以及批改堆积如山的作业，还要时刻进行学生管理，解决学生间的矛盾和冲突，满足他们的各种需求。参加各类教学研讨会、培训和会议也是他们提升教学水平的必要环节。制订和执行班级计划，组织各类班级活动，以及关注学生的心理健康，都是班主任日常工作中的重要部分。

当涉及孩子的问题需要找班主任时，家长的心情大多很急迫，这容易理解。当班主任没有回复你的微信、电话时，可能不是班主任有意忽视，很可能是他们太忙了。毕竟，班主任要管理几十个孩子。此时，不必有太多内心戏，不要因此对班主任产生意见。

法则 2　多点换位思考，尝试站在班主任的角度考虑问题

对于家长来说，孩子的一举一动都牵动着家长的心。大部分家长在跟班主任相处时，出发点只有自己的孩子。但是班主任除了要关注每个学生的学习、生活情况，班级建设也是他们的重要职责。在跟班主任交往的过程中，如果家长能够不仅从自己孩子成长的角度考虑问题，还能站在更高的层面，也就是整个班级如何更好地发展的角度，换位思考，多替班主任着想，这将有利于构建更好的沟通基础，站在这个角度提出的要求，也更容易得到班主任的正面反馈。

法则 3　不要等有问题才去找班主任，平时主动保持联系

如果有事情、有求于班主任的时候才沟通，这种临时性的沟通方式容易让班主任觉得家长太功利，也缺乏真诚。而且可能会由于平时缺乏沟通，当有问题需要解决时，家长和班主任之间缺乏足够的默契和了解，导致沟通效果不佳，甚至产生误解和冲突。尤其是突发情况发生时，班主任可能无法及时了解孩子的背景和家庭情况，从而无法做出最合适的应对方案。这可能导致问题的处理不够及时或不够恰当，给班主任带来额外的压力和负担，因为他们需要在有限的时间内快速了解情况并作出反应。

法则 4 | 保持冷静，理性表达

当我们发现孩子在学校遇到问题时，激动和着急是可以理解的，但有这样的情绪往往会令家长在与班主任沟通时产生摩擦，导致沟通不畅。为了更有效地解决问题，我们应该理性地表达自己的担忧和期望，避免情绪化的言语。只有这样，才能与班主任建立起一个互信、互助的合作关系，共同为孩子的成长提供最好的支持和帮助。

专栏

与班主任见面时，注意这些小细节，让你们的沟通更加顺畅

首先，如果你想要夸奖班主任，对他表示赞赏和感谢，又**不想说得太肉麻，不妨借孩子的嘴**。在与班主任交谈之前，可以让孩子分享一些他对班主任的正面评价，如"老师上课很有趣"或者"老师总是耐心解答我的问题"。借孩子的嘴说出的夸奖不仅能拉近家长与班主任的距离，还能让班主任感受到自己的工作得到了学生和家长的认可，从而积极地参与到后续的交流中。

其次，**如果另一半没有在场，要记得转达他/她对班主任的问候**。一句简单的"我丈夫/妻子也让我代他/她向您问好，这次他/她有事实在走不开，下次有机会再约您"，不仅体现了家庭的和谐和对教育的重视，还能让班主任感受到家长的尊重和友善。

最后，**拿出笔和本子，记录下班主任提到的重点或建议**。这一举动充分显示了家长对这次见面的重视，也能帮助家长在会面结束后更好地回顾和执行班主任的建议。同时，这也是对班主任专业意见的一种认可和尊重，有助于建立更加平等和深入的沟通关系。

2

如何介绍
自己的孩子
和家庭情况

2.1 当你想表达孩子调皮时

✕ 不合适的说法

我那孩子，从小就调皮得很，
还老是不听话。他要是调皮，您该打打，
该骂骂，该批评就批评，千万别客气。

☺ 合适的说法

我家孩子性格活泼好动，热心积极。
有什么他能帮您的，您就交给他。

第一种说法与现代教育理念背道而驰。现代教育理念强调以学生为中心，尊重学生的个性和尊严，鼓励教师关注学生的需求，培养他们的创造力和批判性思维。因此，打骂教育已经过时，不符合现代教育的发展趋势。

从法律和道德的角度来看，体罚或言语虐待学生是被严格禁止的。更重要的是，家长使用这种消极的表达方式可能会给班主任留下不合作的印象。班主任应该成为家长和孩子之间的桥梁，共同解决问题并促进孩子的全面发展。因此，家长应该展示出与班主任积极合作、共同解决问题的意愿，而不是推卸责任或表现出消极态度。

孩子如果知道家长对体罚等惩罚方式的接受态度，可能会误认为暴力是解决问题的一种合理方式。这对孩子的社会化和心理健康发展都是不利的。

当你想表达孩子学习不好时

❌ 不合适的说法

我家孩子什么都做不好，学习也不行。

⬇

☺ 合适的说法

我家孩子现在学习上有点儿吃力，还没找到特别适合自己的学习方法。尤其是 ×× 科目学起来比较费劲儿，不过我们觉得他是有能力提高的。麻烦您多给他点儿指导。

孩子学习成绩不好，家长难免着急，但即使这样，跟班主任描述孩子当前的学习状况时，也不要使用绝对和消极的词汇，因为这样的表述可能会让班主任对孩子产生负面印象。"我家孩子什么都做不好，学习也不行。"这句话过于绝对和消极。如果连家长都放弃了自己的孩子，班主任也难以有帮助孩子进步的动力。

相比之下，前面列举的合适的说法，明显更为积极和具有建设性。它首先承认了孩子在学习上遇到的困难，但同时也表达了对孩子能够战胜困难的信心。更重要的是，它向班主任提出了具体的请求——给予孩子更多的指导。这样的表述方式不仅展现了家长对孩子的关心和支持，也更容易激发班主任对孩子的关注和帮助。

与班主任沟通时，不要仅仅停留在抱怨或反映问题上，还应该提出具体的解决方案或请求帮助。这样才可以让班主任更清楚地了解你的期望和需求，从而提供更有效的帮助。

当你想表达孩子性格内向时

❌ 不合适的说法

> 我家孩子天生就是这样，性格内向，我实在拿她没办法了，以后怎么办啊！

⬇

😊 合适的说法

> 我家孩子比较安静，但她非常善于思考和观察，她写的作文经常被语文老师在课堂上当范文朗读，我们感到很骄傲呢。不过，她在社交方面确实需要提高，拜托老师多鼓励她参与一些校园活动，让她能跟小伙伴多接触。

孩子性格内向并不是一个问题，而是一种个性特点。作为家长，正确看待孩子内向性格的关键在于理解、接纳并尊重孩子的个性，同时提供必要的支持和引导，帮助孩子发展其潜力。

内向并不等同于害羞或社交障碍，它只是意味着孩子更倾向于独处或与少数亲密的朋友相处，而不是在大型社交场合中活跃。内向的孩子往往更专注于内心世界，可能对创造性思维和深度思考有更大的兴趣。

不要试图强行改变他们，或者将他们与其他外向的孩子比较。可以逐步引导孩子参与一些社交活动，但不要强迫。可以从小的、低压力的聚会开始，让孩子逐渐适应。

每个孩子都是独一无二的，他们的个性和需求都值得被珍视和尊重。每种性格都有各自的优点和缺点。

用"天生就是这样"来定义，会让班主任觉得家长对孩子的性格发展缺乏积极的态度和信心，只有无奈。类似"以后怎么办啊"的提问，也显得消极和焦虑。

而合适的说法既展示了孩子的个性，也强调了她的优点和成就，这有助于班主任更全面地了解孩子，并可能引发班主任对孩子的积极关注。最后，家长提出了具体的请求——"拜托老师多鼓励她参与一些校园活动"，这表达了家长希望班主任能帮助孩子提高社交能力的意愿，同时也体现了家长愿意与班主任合作，共同帮助孩子成长的决心。

当你想表达孩子懒时

不合适的说法

他就是因为懒，所以才学习不好。

合适的说法

我家孩子在学习上可能有些被动，导致成绩不是很理想。您看有什么好的方法可以帮助他提高学习动力吗？

这种不合适的说法，简单地把学习不好归责于孩子的懒惰，而忽视了学习的复杂性和多面性。**孩子在学习方面表现得"懒"，涉及多方面的原因。**

比如：孩子可能对当前学习的内容不感兴趣，或者觉得学习内容与他的日常生活和未来没有直接联系，因此缺乏学习的动力；在学习上遇到过挫折，感到自己无法胜任学习任务，从而失去信心，表现出懒惰的态度；没有找到适合自己的学习方法，学习变得困难而低效，这也会导致孩子不愿意投入学习；身体上的问题（如健康状况不佳、睡眠不足等）或情绪上的问题（如焦虑、抑郁等），也可能影响孩子的学习积极性；家庭氛围、父母的教育方式和态度等也会对孩子的学习态度产生影响，如果家庭环境不够积极或不能给予有效支持，孩子可能在学习上会表现出懒惰。

"他就是因为懒，所以才学习不好"，只会让班主任觉得，家长并没有深入了解问题的本质，就简单地做出了一个表面的判断，过于草率。此外，还可能让班主任认为家长缺乏合作解决问题的意愿，对家长产生不好的印象。

请一定要记住，跟班主任抱怨、发牢骚，只是一味地指责孩子，并不能帮助孩子进步。要明确地向班主任"求助"，为班主任提供参与和贡献的机会。

2.5 当你想表达孩子特别聪明时

✗ 不合适的说法

我家孩子特别聪明，什么都一学就会。

↓

☺ 合适的说法

我家孩子学习能力挺强的，对新知识掌握得很快，感觉他还有很多成长空间。希望老师能多给他一些挑战。

如果你想向班主任传达的信息是"孩子特别聪明"，这种急切的心情可以理解，但类似说法很可能会让班主任觉得这样的评价不够客观，甚至觉得你过度夸大了孩子的实际能力，从而对此产生怀疑。

因此，如果想表达孩子特别聪明，不妨说"学习能力强"，这种评价更真实，也更容易得到班主任的认同。与此同时，强调希望孩子能够有更大的成长空间，希望班主任多指导。

另外，想介绍孩子的优点时，如果能够增加一些细节，则会给班主任留下更深的印象，比笼统地说"特别聪明""特别爱看书"的效果好得多。

比如"有一次，孩子他爸给孩子讲一个新的数学概念。他就坐在他爸旁边，听得那个认真啊，眼睛都不带眨的。他爸就边讲边写，那孩子也跟着他爸的思路，在纸上划拉划拉的，不到半小时，就跟他爸说：'爸，我懂了！'然后他爸就试着给他出了几道题。那孩子拿起笔，嗖嗖地就做完了，还都做对了！"

瞧，是不是细节越多，画面感越丰富，越容易给对方留下深刻的印象？班主任每天面对很多的孩子，如果能够留下深刻印象，那么你的孩子在学校得到的关注自然也会更多。

当你想介绍孩子有某方面的特长时

不合适的说法

我女儿跳舞特别有灵性，
老师都说她将来能成为舞蹈家。

合适的说法

我女儿,对跳舞非常感兴趣，她跳舞时很
有灵性，老师也给了她很多积极的反馈。
我们很支持她的这个爱好，希望她能在
舞蹈这条路上继续进步。

有些家长在介绍孩子特长时，表现得过于积极。如果家长过分强调孩子的优点和成就，试图让班主任对他们的孩子产生好感，反而会让班主任感到不适，因为这样会给班主任带来额外的压力。

班主任更希望以自然、轻松的方式了解孩子的特长和兴趣，而不是被家长强迫接受他们的观点。孩子在某一方面有天赋，比如钢琴弹得特别好，还参加过一些音乐比赛并获得了奖项，等等，家长想要给班主任留下好印象，这点可以理解，但不要夸大孩子的特长，也不要"过度推销"自己的孩子，应保持真实、客观的态度。

家长可以提前准备一些孩子的作品或经历等材料来辅助介绍，同时也要注意尊重班主任的意见和看法。这样可以让班主任更准确地了解孩子的特长和兴趣，从而使班主任可以根据孩子们的特长和兴趣，为他们提供更多的学习和展示机会，帮助他们在自己擅长的领域取得更大的进步。

此外，家长在介绍孩子的特长时，不要只注重孩子的技能水平，如考级证书、比赛成绩等，而忽视了孩子的兴趣和态度。关注孩子的兴趣和努力，而不是仅仅看重结果，孩子可能会更加享受学习过程，也更容易取得长期的进步。

2.7 当你想介绍自己和另一半的职业时

✕ 不合适的说法

××的爸爸是医生，整天都在工作，根本没时间管孩子。

↓

☺ 合适的说法

××的爸爸是一名医生，他的工作非常忙，今天也是实在抽不开身。但是他一再跟我说，让我替他向您问个好，以后一定亲自拜访向您请教。

在介绍自己的另一半时，有一些家长常会踩到以下这3个"雷区"。

过分炫耀。如果孩子父亲的职业地位不错，或者收入很高，例如"他现在是行业内的顶尖专家，很多人都求他办事"，这样炫耀性的说法很容易让班主任感到不舒服。

对职业进行贬低。有时家长会不经意地贬低或轻视另一半的职业，如"他只是个普通的工人"或"他做的工作没什么前途"，这样的言辞可能会让班主任质疑家庭对孩子的教育方法和态度。

说另一半的坏话，互相拆台。抱怨另一半的话千万不要向班主任倾吐，原因很简单。这样做会损害家庭的形象和声誉，还可能会让班主任对孩子的家庭环境产生负面印象，甚至可能影响到班主任对孩子的看法和态度。

"××的爸爸是一名医生，他的工作非常忙，今天也是实在抽不开身。但是他一再跟我说，让我替他向您问个好，以后一定亲自拜访向您请教"，这种说法客观地介绍了孩子爸爸是医生的事实，也表达了对班主任的尊重和礼貌。父亲因工作繁忙无法亲自前来，但仍期待与班主任的沟通，通过表示"以后一定亲自拜访向您请教"，为未来的家校互动留下了积极的预期。

此外，注意不要泄露自己另一半的敏感信息，如具体的收入等。这样很可能会让班主任感到尴尬。

2.8 当你想介绍自己和另一半的文化程度时

❌ **不合适的说法**

××的爸爸只是个专科生。

⬇️

🙂 **合适的说法**

××的爸爸是专科毕业，我们一直很重视孩子的教育，也尽力为他提供好的学习环境。但因为我们的学历背景有限，有些时候在辅导孩子学习方面确实感到力不从心。所以我们特别希望学校这边，尤其是您作为班主任，能够多关注下××的学习情况，如果他在学习方法或者学科知识的掌握上有什么问题，还请您多费心指导！

介绍另一半的文化程度时，同样的道理，如果另一半非常优秀，不要过分炫耀，客观地陈述即可。

如果另一半文化程度不高，在介绍时注意不要妄自菲薄。让班主任了解真实的情况，直接表达你们作为家长对孩子学习的关心和期望，并向班主任提出明确的请求，希望能够得到更多的关注和帮助，这样的沟通方式既诚恳又有效。

家长不需要因为自己或另一半的学历低而有所隐瞒或虚构学历，担心班主任会因此看低你的孩子。请求班主任多关照孩子是基于对孩子教育的关心和期望，这是一个合理的请求。而学历背景并不应该是请求关照的前提或条件。从真实的情况出发，表达对孩子教育的重视和期望，更容易获得班主任的理解和支持，有助于促进孩子的学习成长。

2.9 当你想介绍单亲家庭时

不合适的说法

我们家就是我和孩子两个人生活，其他都挺好的。

合适的说法

我们是一个单亲家庭，我独自抚养孩子。但请您放心，我会尽力做好家庭教育工作，同时期待和您共同促进孩子的全面发展。

介绍单亲家庭时，可以用一个坦诚的开场白作为开始，这样显得既直接又尊重，能够让班主任迅速了解你的家庭背景。

简要说明你和孩子的亲密关系，以及你作为单亲家长的责任心，例如："虽然我们是单亲家庭，但我也会努力为孩子营造一个温馨、稳定的成长环境"。帮助班主任理解你的家庭结构和教育方式。

在介绍家庭情况时，除了说明单亲的现状，还可以强调你为孩子提供的良好教育环境、家庭资源和支持，例如："我尽我所能为孩子提供好的学习条件，购买适合他的书籍和学习材料。同时，我也会陪伴他一起学习，鼓励他多参加课外活动和兴趣班，丰富他的课余生活"。还可以提到你如何平衡工作和家庭责任，如何为孩子提供稳定的家庭环境等，同时也要强调你对孩子教育的重视和期望。

你可以向班主任表达希望得到的理解和支持。你可以告诉班主任，作为单亲家庭的家长，你可能会面临一些额外的困难和挑战，因此希望能得到班主任的一些教育建议和指导，帮助孩子更好地成长。在表达时，要坦诚而尊重，避免过度强调自己的困境，而是应该突出对孩子的关爱和支持。

2.10 当你想介绍家庭经济状况时

不合适的说法

我们家很有钱，孩子想要什么都能买，您不用担心。/ 我们家条件一般，麻烦您多担待。/ 我们家条件不好，希望您能在学校多照顾一下我家孩子。

合适的说法

我们家庭经济状况相对较好，我们会为孩子提供必要的学习和生活支持，但更希望他能培养独立和自律的品质。/ 我们家庭经济状况一般，但我们会尽力为孩子提供最好的学习条件，也希望能得到您的指导和支持。/ 我们家庭经济状况较差，但在教育上我们不会松懈。如果学校可以提供一些资源或支持，我们会非常感激。

如果你的家庭非常富有，可以告诉班主任，你会尊重班主任的教学方法和评价标准，希望孩子能够在一个公正、公平的环境中成长。并说明你的家庭非常重视孩子的教育，愿意为孩子提供最好的学习资源和环境。但同时，你也要强调孩子需要学会独立、自律和勤奋，而不是仅仅依赖家庭的财富。

大多数家庭的经济状况都处于普通水平，你要坦诚地告诉班主任，你的家庭经济状况一般，但会尽力为孩子提供优质的学习资源和辅导，并积极参与孩子的学习过程。你要表达出愿意与班主任一起努力，共同关注孩子成长的意愿，希望班主任能够给予孩子必要的支持，帮助孩子克服学习中的困难。

如果你的家庭经济状况较差，可能会担心孩子在学校受到歧视或忽视，你要告诉班主任，你会尽最大的努力为孩子提供必要的学习和生活条件，也希望班主任能够给予孩子一定的关爱。你还可以告诉班主任，希望学校能够提供奖学金等资源，以帮助孩子更好地学习，也希望班主任能够提供一些建议和帮助，让你更好地了解如何为孩子争取更多的资源和支持。

总之，无论家庭经济状况如何，你都应该坦诚地与班主任沟通，表达你的需求和期望。同时，你也应该尊重班主任的专业性和经验，相信老师会给予孩子最好的教育和辅导。

第一次向班主任介绍自己的孩子，很多人都会有这个误区

在人际交往中，第一印象的重要性不容忽视。尤其是在开学时，家长首次向班主任介绍孩子时，能否给班主任留下积极的印象，对孩子未来的学习和成绩都可能产生深远影响。一旦初始印象不佳，家长和孩子恐怕需要投入更多的精力去扭转这一局面。因此，重视并努力塑造良好的第一印象至关重要。

但是很多家长在第一次介绍自己的孩子时，都会过分谦虚。比如：老师您好，我和孩子爸爸的文化水平都不高／都不太会教育孩子／工作都特别忙，孩子平时也不怎么听我们的话，麻烦您多费心，多管管他。

如果这样讲，那么班主任只会得到两个信息：一是这个孩子的家庭教育环境差，二是这个孩子难管不听话。

第一次介绍自己的孩子时，一定要多介绍孩子的优点。不管你觉得孩子目前有多少令人不满意的地方，都要尽力挖掘孩子身上的闪光点，并把这些闪光点展示给班主任，帮助孩子在班主任眼中建立积极的形象，让班主任对孩子产生更好的期待，从而在日常教学和管理中给予更多的关注和鼓励。

而对于孩子的缺点，点到为止，说清楚即可。讲缺点的目的，更多的是要提出你的期望和需求，让班主任知道你们需要他在哪些方面给予孩子帮助。

因此，不要过分谦虚。大大方方地先着重介绍孩子的优点，再清楚告知缺点，最后提出帮助的请求，拜托班主任多关照自己的孩子，不要不好意思说出口。

第 3 章

如何向班主任了解孩子在学校的表现

3.1 当你想了解孩子 "上课时是否积极主动"

不合适的说法

老师，×× 上课时
积极吗？主动吗？

合适的说法

老师您好，我想了解一下 ×× 上课
时的表现，比如听课时注意力集中
吗？能积极回答问题吗？会主动参与
课堂讨论吗？

许多家长都关心孩子上课的情况，因为孩子的上课表现可以直接反映出他们的学习状态。如果孩子在课堂上积极主动，那么他们很可能对学习保持较高的热情，从而更有可能取得良好的学习效果。

小学是孩子学习习惯形成的关键时期，通过了解孩子的上课表现，家长可以及时发现并纠正孩子的不良习惯，帮助他们养成积极主动的学习态度。

不合适的说法表述过于宽泛，没有明确指出家长想要了解的是哪一方面的情况，比如课堂参与度、回答问题的积极性、与同学的互动等。"积极吗？主动吗？"这样的词语虽然表达了你想了解的内容，但显得过于笼统。由于表述不够具体，班主任可能不知道如何回答，或者需要花费额外的时间来明确你的意图。

合适的说法明确指出了想要了解的是孩子"上课时的表现"，使得班主任能够立刻理解家长的意图，并聚焦于课堂表现这一核心点。之后又进一步细化了问题，具体询问了注意力、回答问题以及参与课堂讨论三个方面，从而引导班主任关注并评价孩子在这些方面的表现，他无须再次与你沟通便能直接根据观察和记忆来回答，既能够提高沟通效率，又能够确保你得到想要的、有用信息。

**当你想了解孩子
"能否跟上老师的教学进度"**

❌ **不合适的说法**

老师，×× 能跟上你的教学进度吗？
我可不想让他落下课。

⬇

😊 **合适的说法**

老师您好，我知道您每天备课、讲课
十分辛苦，课程设计也非常完善，但
是我有些担心 ×× 最近在课堂上能
不能完全听得懂您的讲解，跟上咱们
班的整体进度呢？

及时了解孩子能否跟上教学进度，可以帮助家长判断孩子是否真正掌握了所学知识。如果孩子在课堂上存在困惑，通过与班主任沟通能够更早地发现问题并采取相应的措施。但是，在了解孩子学习情况的同时，也要注意尊重孩子的隐私和自尊心，不要过度干涉或施加压力，而是要以支持和引导的方式帮助孩子解决学习中的问题。

不合适的说法在提问的方式上稍显直接和生硬，家长和班主任之间的沟通应该是建立在相互尊重和理解的基础上，这样说可能会让老师感觉被质疑。"我可不想让他落下课"隐隐含有一种傲慢的态度和不礼貌的语气，这样的表达可能会让老师感到非常不舒服，从而降低了与家长沟通的意愿。

合适的说法首先向班主任表达了敬意和感谢，"备课、讲课十分辛苦"让班主任感受到家长对他的尊重和认可，"课程设计也非常完善"则表达了对班主任教学工作的信任，这都有助于建立一种积极的沟通氛围，能够让班主任更愿意与你分享关于孩子学习的情况。"有些担心"会显得你很真诚，而且提问焦点在孩子身上，关注的是孩子的学习情况，而不是质疑班主任的教学，这种态度更容易得到班主任的积极回应。

3.3 当你想了解孩子"是否有偏科的现象"

不合适的说法

老师，×× 是不是偏科啊？
我看他语文还行，数学不咋样啊。

↓

合适的说法

老师您好，×× 最近回家跟我讨论语文
问题时滔滔不绝，神采飞扬，可是一说
到数学就有点愁眉苦脸了，我比较担心
他会不会因为对某一科特别感兴趣而忽
略了其他科目，您能给我一些建议吗？

学习是一个综合性的过程，涉及多个学科，了解孩子在各个学科上的表现，有助于家长更全面地掌握孩子的学习状况。如果孩子在某个学科上表现出明显的不足或兴趣缺失，可能是偏科的迹象，及早发现并及时调整，可以避免因偏科对孩子的学习造成长期影响，从而保证各个学科的均衡发展，培养他们的综合素质。

不合适的说法中提问方式过于直接，既没有考虑到孩子的感受，也没有给班主任足够的空间去全面地评估孩子的学习情况。对于孩子来说，偏科可能是一个敏感的话题，这样直接询问可能会让孩子感到被质疑或被贬低。对于班主任来说，这样的提问方式也可能会让他感到被质疑其教学能力或对孩子的学习情况了解不足。

合适的说法通过描述孩子在家中对不同学科的反应，进而引导至"是否偏科"的具体话题上，让班主任能够更清晰地了解孩子在各个学科上的表现，还给了班主任更多的事例来准确评估是否真的存在偏科现象，担忧和请求建议的态度也让班主任感受到家长寻求帮助的意愿。

3.4 当你想了解孩子"作业完成情况"

❌ 不合适的说法

老师，×× 作业完成得怎么样啊？

↓

🙂 合适的说法

老师您好，我发现 ×× 在家做作业时，遇到难题就容易放弃，我想了解下他在课堂上遇到老师布置的难题时一般是怎么处理的？如果做作业时他有一两道题目不会做，算是正常的表现，还是说明他在课堂知识的掌握上有不足呢？

作业是检验孩子课堂学习成果的重要方式，通过了解孩子的作业完成情况，家长可以知道孩子对于知识的掌握程度。如果作业完成情况不如预期，你也可以及时发现问题，可能是孩子对某个知识点理解不够深入，也可能是粗心大意导致的。通过纠正这些问题，可以帮助孩子更好地掌握知识，避免问题积累。

不合适的说法虽然直接明了，能让班主任迅速了解家长的关注点，但提问还是比较笼统，班主任很可能只会简单地回答"还可以"或"有一些错误"等，不容易引发深入的交流。

合适的说法不仅关注到孩子在家面对难题的态度，还延伸到课堂上孩子的表现，能够让班主任从多场景了解孩子面对困难时的反应，便于班主任综合分析孩子的学习习惯和状态。同时，询问作业中个别不会的题目是否正常，这体现家长对孩子学习情况细致的关注，也能帮助班主任针对孩子的知识掌握情况给予更专业的判断和建议。

3.5 当你想了解孩子 "这次考试为什么成绩下降"

不合适的说法

老师，×× 这次考试成绩怎么下滑这么多？怎么做才能确保他下次考试分数提上去啊？

合适的说法

老师您好，我注意到 ×× 这次考试成绩有些下降，我想知道他是在学习上遇到了什么困难吗？还是有其他方面的原因呢？我非常愿意配合您，帮助他克服困难，在各方面都有所成长。

每个孩子在学习上都有自己的特点和需求，向班主任询问如何帮助孩子提高成绩，可以根据孩子的实际情况提供针对性的有效支持，如调整学习方法、提供学习资源等，从而提高孩子的学习效果。

不合适的说法强调了成绩的重要性，也显得过于急切功利，可能会让班主任觉得家长对教育的理解过于狭隘。直接要求班主任给出具体的家长行为指南，没有体现出家长对教育的思考和努力，给人一种家长只是被动等待答案的感觉。孩子的成绩提高是多方面因素共同作用的结果，"确保"二字只会让班主任压力倍增。

合适的说法表现出家长不仅关注孩子表面的成绩，还希望了解背后的原因，这种态度有助于找到问题的根源，从而有针对性地解决问题。希望孩子"在各方面都有所成长"，说明你对孩子的全面发展有深入的理解和关注，而不仅仅是看重分数，这更容易让班主任在教育观上与你产生共鸣。

3.6 当你想了解孩子"有没有交到好朋友"

❌ **不合适的说法**

> 老师，×× 是独生子，我行我素惯了，他在学校交到好朋友了吗？

↓

🙂 **合适的说法**

> 老师，我一直很关注 ×× 在学校的社交生活，您觉得他在人际交往方面表现如何？有没有和哪些同学走得比较近，经常一起参加活动呢？

对孩子而言，好朋友是一种重要的情感支持来源。当孩子遭遇困难或心情低落时，好朋友能给予他们安慰与鼓励。在与好朋友玩耍、交流的过程中，孩子不仅能学习新的知识、接触不同的观念，还能掌握新的技能，并且彼此激励，共同进步。倘若孩子在结交好朋友这件事上不太顺利，家长了解得越早，给予支持和帮助越及时，就越有利于孩子的社交发展。

不合适的说法将孩子描述为"我行我素惯了"，强调了孩子可能存在的不利于交友的特点，可能会让老师在还未深入思考和观察之前，就对孩子形成一种比较自我、不太容易与他人相处的刻板印象，影响老师对孩子真实社交情况的客观判断。从提问中能明显感受到家长的担忧和焦虑情绪，这种情绪可能会传递给老师，甚至可能会在一定程度上影响班主任与家长后续沟通的氛围，使沟通变得比较紧张，不利于双方进行理性、客观的交流。

合适的说法直接表明"一直很关注孩子在学校的社交生活"，让老师清楚地知道家长关心的重点所在，能够更有针对性地回答问题，将关注点集中在孩子的人际交往方面。用"您觉得……表现如何"这种比较客观的询问方式，给予老师充分的表达空间，让老师可以根据自己的观察和判断，全面、客观地评价孩子的人际交往情况，避免了给老师预设某种特定答案的倾向。进一步询问"有没有和哪些同学走得比较近，经常一起活动"，使问题更加具体，能够引导老师提供更详细的信息，比如孩子具体的朋友是谁，他们经常一起参加什么活动等，让家长能更深入地了解孩子的交友状况。

当你想了解孩子"有没有被同学欺负"

❌ **不合适的说法**

老师，×× 是不是被同学欺负了？
他最近回家看着就不开心，您得管管啊！

☺ **合适的说法**

老师您好，我想和您沟通一下，×× 最近回家后情绪有些低落，我有点担心他在学校的情况。您有没有注意到他与其他同学相处得如何？是否有发生什么不愉快的事情？

如果孩子受到欺负，他们的身体和心理都可能会受到伤害，被欺负的孩子可能会感到孤独、无助、恐惧或愤怒。作为家长，了解孩子是否遭受欺负可以确保你及时采取措施，保护孩子不受进一步伤害，并提供他们所需的情感支持。另外，了解孩子是否受到欺负也是一个教育机会，你可以与孩子讨论如何面对欺负、如何保护自己以及如何寻求帮助，这些经验将有助于孩子在未来更好地应对类似的情况。

不合适的说法中家长直接询问孩子是否"被同学欺负"并要求班主任"得管管"，这样的表述暗示着你已经基于主观臆断做出了某种定论，而班主任则需要为这个问题负责或给出明确的答案。然而班主任需要时间来了解事情的真相，判断是否存在霸凌行为，以及制订合适的解决方案，直接的要求可能会让班主任产生抵触情绪，影响班主任解决问题的积极性。

合适的说法表达了家长对孩子情绪的关心，并以客观了解事实的态度向班主任询问了孩子在学校与同学相处的情况。家长没有直接指责或假定有霸凌事件发生，而是以更加温和的方式寻求班主任的观察和意见，这有助于开启一个建设性的对话。班主任在这样的氛围下也会更从容地去了解和处理孩子的相关社交问题，有助于反馈给家长一个最真实也最有利于解决问题的答案。

3.8 当你想了解孩子 "是否害怕与班主任交流"

✕ 不合适的说法

老师，我觉得 ×× 很害怕和你沟通，是不是你对他太严厉了？

☺ 合适的说法

老师您好，您为孩子们付出了很多，但是我发现 ×× 可能是因为对您不太了解，所以在与您或其他老师交流时会感到有些紧张。您能否分享一些他在学校与您交流时的情况，以便我更好地了解他并为他提供支持？

作为学生，害怕与班主任交流意味着可能会错过获取帮助、解答疑惑或表达意见的机会，这可能导致孩子学习上的困难或情绪上的困扰。要知道，在孩子的整个学习生涯中，班主任不仅是知识的传授者，也是孩子在校园中的情感支持者，缺少了与班主任的交流，他们可能会感到孤独或无助。如果孩子真的存在这样的问题，家长可以与班主任合作，共同寻找解决问题的方法，确保孩子在学校能够顺利学习和成长。

不合适的说法中家长假设了孩子害怕与班主任交流的情况，并且没有给班主任分享他看法的机会。直接询问是不是班主任太严厉了，这容易让班主任感觉被指责，可能会激发其防御心理，从而不愿意或难以坦诚地分享关于该问题的看法。一旦家长预设了"班主任对孩子太严厉"的立场，就可能会限制班主任的回答范围，导致双方无法全面、客观地探讨问题。

合适的说法首先肯定了班主任的付出，然后才说明了孩子的情况，而且是从自身找原因的角度，并以担忧的心态来获取老师的理解，这样的询问方式不会让班主任感到被指责或被误解。这种合作和支持的态度会让班主任更乐于分享孩子与他交流的情况，也会给出建议，比如如何鼓励孩子多参与课堂讨论、如何与老师建立更好的沟通关系等，以帮助孩子克服交流上的困难。

当你想了解孩子
"参加课外活动是否积极"

✖ 不合适的说法

老师，×× 很少参加课外活动，
你要多给他机会啊！

↓

☺ 合适的说法

老师您好，我想了解一下 ×× 在学校
参加课外活动的情况。如果他在这方
面不太积极，您觉得他可能面临哪些
挑战或困难？我们家长可以做些什么
来支持他？

课外活动不仅为孩子提供了与同龄人交往的机会，有助于培养他们的社交能力，还因为其通常涉及多种技能和知识的运用，如体育、艺术、科技等，有助于提升孩子的综合素质，如创造力、团队协作精神和解决问题的能力。如果孩子对课外活动缺乏兴趣或参与度低，这可能与他们的情绪状态或自信心有关，这时家长如果能够了解他们的想法和感受，并提供必要的支持和帮助，对孩子的健康成长是有益的。

　　不合适的说法表面上是在询问，实际上是在命令或要求班主任给孩子更多的机会参与课外活动。但很可能班主任已经为孩子提供了足够的机会，孩子可能因为自身原因没有积极参与。这种说法忽略了孩子自身的原因，如兴趣、性格等，家长并没有找到问题的真正原因就强行要求班主任通过某种途径来解决该问题，这会给班主任带来额外的心理压力。

　　合适的说法将关注点放在了孩子可能面临的挑战或困难上，而不是直接命令班主任怎么做。家长通过询问可以做什么来支持孩子，实际上是在表达一种愿意采取行动的态度，班主任会感到专业被认可，自己的建议会得到家长的重视和采纳。班主任会愿意与你分享更多关于孩子的观察，因为他们知道，你是真心想要帮助孩子，而不是来找碴儿的。

**当你想了解孩子
"与同学的关系是否融洽"**

❌ **不合适的说法**

老师，我听说其他同学都和 ×× 玩
不到一起，您看人家小明多外向，
怎么 ×× 就做不到呢？

🙂 **合适的说法**

老师您好，×× 平时有一点内向，我担心他
在学校里与同学的关系是否融洽。我知道每个
孩子都有自己的性格和特点，作为家长，我想
在尊重他性格的基础上，引导他更好地与同学
相处，您有什么建议吗？

和同学的关系融洽与否对孩子的心理健康有着重要影响，良好的同学关系可以让孩子感到快乐、满足和安全。相反，如果孩子受到排斥或与同学关系紧张，可能会导致他们出现焦虑、抑郁等情绪问题。了解孩子与同学的关系是否融洽，可以帮助家长判断他们的社交技能是否得到了良好的发展。

不合适的说法中，家长将自己的孩子与其他孩子（小明）进行比较，并暗示自己的孩子不如小明外向或社交能力强。这种比较不仅不公平，还可能伤害孩子的自尊心，让孩子感到自己不被接纳或认可。而这种说法也会给班主任带来压力，因为家长在期望班主任能够"改变"孩子的性格，但事实上每个孩子的性格和成长节奏都是不同的，他们有自己的性格特点和社交风格，家长忽视了孩子可能具有的独特性格和优点。

合适的说法提到孩子内向，但家长没有将此标记为孩子的缺点，而是认可每个孩子的独特性，并表示愿意尊重孩子的性格，这种对孩子的接纳会让班主任觉得你是真心实意地想要帮助和支持孩子，而并非要把孩子改造成家长自己满意的模样。面对这样的家长，班主任会感到自己的工作更加有意义，也会更加愿意投入时间和精力去帮助孩子。

专栏

对于班主任的反馈，
应该如何答复

　　班主任作为专业的教育工作者，通常会对孩子的行为和学习情况有深入的观察和了解。在与班主任沟通时，你需要耐心倾听他的反馈，了解孩子在学校的表现，以及班主任认为可能存在的问题或挑战。

　　如果班主任给予的反馈是正面的，你要对班主任表达充分的感谢和尊重，肯定班主任的教学方式，也可以趁机向班主任咨询一些建议，便于之后孩子继续保持。

　　如果班主任在给予正面反馈的同时也提出了部分建议，你可以说："非常感谢您给我这些宝贵的反馈！我会严格按照您的建议执行。"

　　如果班主任给予的反馈比较负面，则要继续追问"老师，您有没有什么好的建议或方法，可以帮助孩子呢？"在得到班主任的建议后，你可以表达你的合作意愿，并承诺在家里积极配合班主任的工作。

　　与孩子的学习过程一样，与班主任的沟通也需要持续跟进和反馈。你可以定期与班主任沟通孩子的学习情况，了解孩子是否有所进步或需要进一步的帮助。同时，你也可以将你在家中观察到的孩子的变化反馈给班主任，以便他更好地了解孩子的情况并调整教学策略。

　　在整个沟通过程中，保持开放和尊重的态度非常重要。尊重班主任的专业性和经验，认真倾听他们的反馈和建议。同时，也要勇于表达自己的关切和疑问，与班主任建立起良好的合作关系。

4

如何
向班主任
提需求

不合适的说法

老师，×× 在家里很会管理，让他在学校也当个班干部吧！

合适的说法

老师您好，我注意到 ×× 对班级事务非常热心，经常主动帮助老师和同学。我想了解一下，他是否有机会在学校担任班干部，以便更好地发挥他的积极性，同时也为班级做出更多贡献。

当班干部对于孩子益处多多，比如能够锻炼孩子的组织和协调能力，对未来的学习和工作大有帮助；比如能够提升孩子的自信心和责任感，让他们更加认真地对待自己的学习和生活。

但是，家长在向班主任提出让孩子当班干部之前，需要考虑孩子是否对担任班干部感兴趣，以及他们是否具备相应的能力。如果孩子对此不感兴趣或能力不足，强制他们担任班干部可能会给他们带来压力，甚至影响他们正常的学习和生活。

如果孩子有兴趣并且具备能力，那么你可以向班主任提出这个要求，并说明理由。但也要考虑到班主任通常会根据班级需要和孩子的实际情况来选择班干部，假如班主任并没有答应你的要求，你也应该尊重班主任的决定。

不合适的说法过于简化了"管理能力"这一概念，并且错误地将家庭环境与学校环境等同起来，班主任可能会对家长这种"理所应当"的态度感到不悦，毕竟班干部的选拔应该是基于孩子的全面素质和能力，而不是仅仅基于家长的主观意愿。

合适的说法向班主任传达了孩子具有积极参与班级事务的意愿和能力，这让班主任更容易看到孩子的优点和潜力，询问"是否有机会"，而不是一厢情愿地强调自己的主观意愿，体现出对班主任决策的尊重，无形中也会提高孩子担任班干部的可能性。

4.2 当你想提出"调整座位"的要求

不合适的说法

老师，你给我家孩子换个座位吧。
他同桌太调皮捣蛋了，上课总是说话，
严重影响我家孩子学习。

合适的说法

老师，您好！打扰您一会儿，想跟您聊聊孩子在学校的情况。我家孩子最近回家经常跟我说，他同桌上课比较爱说话，这在一定程度上影响到他集中注意力听课了。我知道您安排座位时肯定综合考虑了各种因素，我也理解每个孩子都有自己的特点和成长过程，调皮是孩子的天性，但我还是希望能尽量给孩子创造一个更有利于学习的环境。您看能不能帮忙给孩子调整一下座位呀？当然，如果暂时不太方便调整，我们家长也会积极配合您，一起引导孩子提高专注力，不受外界干扰。

班主任通常会根据班级的整体情况来安排座位，会考虑到孩子的性格、学习能力、行为表现等综合因素，以确保班级秩序和教学效果，所以提出调整座位的要求可能会给班主任带来麻烦，也让同学感觉你的孩子受到特殊对待。

适应不同的环境和人际关系也是一种重要的能力。如果孩子在当前的座位环境中能够逐渐适应并学会处理各种情况，那么这可能是一个更好的成长机会。假如孩子受到一点儿挫折家长就要求换座位，那么孩子也会认同通过逃避解决问题的方法，这对他未来社会适应能力和社交能力的发展并不利。但是，如果你认为孩子当前的座位确实存在问题，并且这些问题已经影响到了孩子的学习和生活，例如孩子视力下降看不清黑板等，那么该与班主任沟通还是要沟通。

不合适的说法，虽然直接明了，但容易引起班主任的反感。合适的说法，没有给孩子的同桌"贴标签"，而是用"爱说话"这种相对客观的表述，说明对孩子的影响时说"一定程度上"，这种客观陈述问题的方式更容易让班主任接受。而且家长不仅提出了换座位的请求，还提出了如果暂时不方便调整的替换方案，既表现出了对班主任的尊重，而且说话留有余地，即使这次没有成功给孩子换座位，也能给班主任留下积极的印象，有利于后续关于孩子教育问题的沟通与合作。

4.3 当你想提出"课堂关照"的要求

不合适的说法

老师，我是学校领导的亲戚，我家孩子在您班上，您多费心，上课多照顾着点。

合适的说法

老师，您好！这几天我发现孩子回家后，对学习的积极性好像没有之前高了，我有点担心。我知道您的教学任务重，要操心全班同学，但还是想麻烦您在课堂上多留意下他的状态。要是发现他有什么异常，或者学习上遇到困难，能不能及时跟我沟通，咱们一起帮他解决，真的特别感谢您！

家长们出于对孩子的关爱，总会希望老师能格外留意自家孩子。有的家长担心孩子课堂上注意力不集中，希望老师多提醒；有的觉得孩子胆小，怕回答问题不积极错失锻炼机会，盼着老师多鼓励；还有些家长关心孩子学习进度，希望老师能在课堂上多给孩子表现的机会。

对于这些请求，班主任通常都非常理解。但如果沟通的方式不对，反而会破坏班主任与家长之间应有的信任基础。

不合适的说法会让班主任觉得家长不是基于对他教学工作的信任和尊重来交流，而是试图通过关系来达到目的。而且，孩子如果知道自己因为家长的特殊身份而可能受到老师的特殊照顾，可能会产生依赖心理，认为自己不需要通过努力就能获得关注和优待，从而缺乏主动学习和积极进取的动力，不利于培养他们的独立意识和自主学习能力。在同学眼中，因为特殊身份而被老师特别关照的孩子可能会成为特殊个体，容易引起其他同学的反感或孤立，使孩子在班级中难以建立良好的同伴关系，影响其社交能力和情感发展。

如果真的存在客观的问题需要班主任给予孩子特别的关照，直说无妨，但建议不要使用这种以特殊身份为前提的沟通方式。

合适的说法显示出家长真诚而尊重的态度，问题描述清晰具体，提出的关照请求也比较合理。这样沟通就足够了。

4.4 当你想提出 "推荐适合的课外读物" 的要求

不合适的说法

我家孩子总喜欢看那些漫画书／科幻小说，老师你给推荐一些好书吧！听说现在那套《×××××》特别火，好多孩子都在读，你觉得我家孩子读合适吗？

合适的说法

老师您好！最近我发现 ×× 对阅读的兴趣越来越浓厚了，我特别欣慰。我觉得阅读的广度和深度对孩子的成长都特别重要，但他现在看的最多的是科幻小说和漫画故事，对其他类型的书涉猎比较少，担心会限制他的阅读领域，所以想麻烦您能不能根据他的年龄段和阅读水平，推荐一些适合他读的、类型更丰富的课外读物呢？希望能帮助他打开阅读的视野。

随着学校教育对课外阅读重视程度的提高，越来越多的家长认识到了课外阅读的重要性。作为班主任，我也为家长对孩子阅读的重视感到欣慰。同时，家长希望班主任给自己的孩子一些阅读建议，是对班主任专业的一种认可，说明家长相信班主任，也让班主任觉得自己的专业知识和经验有发挥的空间。

漫画、小说等是深受儿童青少年喜爱的作品形式。如果家长认为孩子喜欢看漫画、小说就是"不务正业"，那么这样的观念难免有些偏颇。漫画、小说也有很多具有教育意义和艺术价值的作品。给孩子选择课外读物时，需要充分考虑孩子的兴趣、阅读水平等实际情况。如果盲目跟风选书，可能导致孩子拿到书后不感兴趣，无法真正从阅读中受益。

合适的说法表达了家长对孩子全面发展的期望，希望孩子通过阅读获得更广泛、更有深度的知识和体验。班主任会感受到你培养孩子的阅读习惯并非功利性的，而是出于对孩子长远发展的考虑，这种科学的教育理念自然会得到班主任的认同和支持，从而愿意跟你分享选择课外读物的宝贵经验。

4.5 当你想提出"孩子某科成绩特别差，希望任课老师给予帮助"的要求

不合适的说法

老师，我们为了孩子的语文成绩都快疯了，天天晚上陪着学，他还是学不好，拜托老师你们也多费点心啊！

↓

合适的说法

老师您好，我最近看了孩子的成绩单，发现他语文成绩一直不太理想，我心里很着急。我知道您和语文老师都很关心孩子的学习，所以想问问您，能不能请语文老师帮忙分析下孩子的问题，看看在学习方法或知识点上，孩子有哪些欠缺，我们家长也会全力配合，一起帮助孩子进步。

每个孩子的学习进度和能力都是不同的，当孩子在某科目上遇到困难时，如果能够及时得到老师的帮助，可以避免问题积累，影响后续学习，也有助于老师了解孩子的具体情况，从而进行更有针对性的教学。

如果孩子某个学科成绩比较差，家长也确实花费了很多心力辅导但效果不佳，急切的心情可以理解。但与班主任沟通时，一定要避免强烈的情绪化表达。不合适的说法容易使沟通的重点偏离孩子成绩差的实质问题，让班主任将注意力放在安抚家长的情绪上。在表达希望老师给予帮助时，如果过于急切，也可能使说出来的话变了味儿，"拜托老师你们也多费点心啊" 听起来就多了一些指责的意味。

合适的说法，用"我心里很着急" 这种较为克制的表达，展现出家长理性的态度，让老师能专注于孩子成绩差这一问题本身，而非处理家长情绪。"我知道您和语文老师都很关心孩子的学习"，体现对老师工作的认可和尊重，使老师更愿意积极回应家长的诉求，营造良好沟通氛围。明确提出希望老师帮忙分析孩子在学习方法或知识点上的欠缺，为老师提供清晰的指导方向，也便于家长和老师后续围绕问题共同商讨解决方案，同时表明了全力配合的态度，增强家校合作的紧密性。

4.6 当你想提出"孩子没自信，希望老师多表扬"的要求

❌ **不合适的说法**

老师，×× 特别没自信，您多表扬他几次就好了。

⬇️

🙂 **合适的说法**

老师您好，×× 平时有些不自信，但是最近我注意到，他在家提到您在课堂上的表扬时，他非常开心。我想和您沟通一下，是否可以在课堂上适当多给予他一些正面的反馈和鼓励，帮助他建立更多的自信呢？

班主任在学校中扮演着权威和榜样的角色，所以班主任的表扬对于孩子来说具有特殊的意义。当孩子得到班主任的表扬时，他们往往会更加自信，尤其是对于平常自信心不足的孩子来说，班主任的表扬会让他们感到自己的努力得到了认可，从而更加积极地投入到学习中去。

同时我们也要认识到不能只依靠班主任的表扬。如果孩子过度依赖班主任的表扬来建立自信心，那么一旦没有得到表扬，孩子就可能会感到更加失落和沮丧。班主任也可能会因为家长的一味要求而更多关注孩子的优点，忽视一些潜在的问题，不利于孩子的全面发展。

不合适的说法过于简单化和表面化地看待孩子缺乏自信的问题，显示出家长既没有深入了解孩子缺乏自信的原因，也没有认真考虑过自己该做些什么，班主任会觉得你在单方面地要求他付出努力，缺乏共同解决问题的意愿。

合适的说法从孩子对班主任在课堂上的表扬有积极反应入手，表明班主任的鼓励对孩子来说非常重要，班主任会感到自己的努力付出被看到了，从而激发班主任继续给予表扬的动力，在此基础上向班主任提出要求会更容易得到班主任肯定的答复。

4.7 当你想提出"孩子性格内向，没有玩伴，希望老师帮助寻找玩伴"的要求

不合适的说法

老师，×× 性格太内向了，
您能否帮他找一些玩伴?

合适的说法

老师，我家 ×× 性格比较内向，在学校好像没有特别固定的玩伴，回家也很少提到和同学一起玩的事情，我有点担心这会影响他的社交能力和性格发展。

我在家也尝试引导他主动和同学交流，比如教他一些打招呼、请求加入小伙伴一起玩耍的小技巧，还鼓励他参加一些兴趣小组，但效果不是特别明

显。我知道您带班经验丰富，对孩子们的情况也很了解。我想问问您，在学校里有没有什么办法能帮助××多结交一些朋友呢？比如在课堂小组活动、课间游戏时，能不能多给××一些参与集体活动的机会，鼓励其他同学主动和他交流？

由于班主任日常教学、班级管理等工作已经很繁忙，如果突然直接提出"能否帮他找一些玩伴"的请求，要么可能会让班主任一时不知道从何下手、如何回答，要么只会得到班主任随口的一句"好的"作为回应。

如果你希望班主任能够重视你的这个诉求，并提供针对性的帮助，最好提供全面的信息。除了说明孩子性格内向，还可以具体描述一些表现，如在陌生人面前会脸红、说话声音小、在集体活动中总是默默坐在角落等，让班主任对孩子的性格有更直观的感受；详细告知班主任孩子的兴趣爱好，比如喜欢绘画、下棋，方便班主任根据这些为孩子寻找有共同话题的玩伴；讲述孩子在过去的社交中遇到的困难或成功的经历，例如曾经在幼儿园时很难融入某个游戏小组，或者曾经和某个小朋友因为共同喜欢一本书而成为短暂的朋友等，帮助班主任更好地了解孩子的社交模式。

4.8 当你想提出"提供竞赛／演出活动参与机会"的要求

不合适的说法

老师，×× 特别优秀，应该多参加一些演出活动，您多给他一些这样的机会。

合适的说法

老师您好，×× 从小就喜欢唱歌跳舞，已经在兴趣班坚持训练好几年了。我想了解学校最近是否有类似的演出活动，一是可以让他有机会展示和锻炼自己，二是能够为班级多做贡献？

参与竞赛和演出活动既可以丰富孩子的校园体验，又能让他们有机会展示自己的才能，并锻炼面对压力依然保持冷静的能力，这些都将有助于孩子综合素质的提升。

不过，对于一些内向或敏感的孩子来说，参与竞赛和演出活动可能会给他们带来额外的压力。再者，如果孩子在竞赛和演出活动上花费过多的时间和精力，可能会影响他们的正常学习，导致学业成绩下滑。

总体来说，家长应该与孩子充分沟通，了解他们的想法和意愿，如果孩子性格外向、学业稳定，并且愿意多多参与竞赛和演出活动，那么提出这一要求是有益于孩子的。班主任面对这样的情况，接受提议的可能性也就更大。但如果孩子性格内向、学习上遇到困难或对参加活动毫无兴趣，那么家长应该更加谨慎地考虑。

不合适的说法给人一种家长非常自高自大的感觉，似乎认为自己的孩子特别优秀，理应得到更多的机会。这样的要求既没有顾及孩子的意愿，也没有考虑班主任的感受，还忽略了其他孩子的需求，容易引发其他家长的不满。

合适的说法首先提到孩子已经具备了一定的才艺和技能水平，然后才表达了家长希望孩子能在学校得到展示和锻炼的意愿，可见是"有备而来"，班主任会欣赏这样的"毛遂自荐"，也会考虑为孩子提供更多展示才华的机会。

4.9 当你想提出 "建议任课老师改变教学方式" 的要求

✕ 不合适的说法

老师，您的教学方式有些传统，孩子们不太喜欢，能不能改变一下呢？

↓

☺ 合适的说法

老师您好，我最近注意到孩子们都对"课堂讨论式"教学非常感兴趣，我在想，是否可以在您的课堂上引入一些类似的讨论活动，来提高孩子们的学习兴趣呢？

如果老师的教学方式存在不足，家长的反馈和建议确实可以帮助老师发现并改进，从而提升整体的教学质量。但是家长关注的毕竟只有自己的孩子，而老师关注的往往是班级整体情况，他们会根据自己的教学经验来选择最适合的教学方式，家长过多地干预可能会让老师感到不被信任。

班级是一个整体，如果老师为了满足某个孩子的需求而改变教学方式，可能会对其他孩子造成影响，甚至引发其他家长的不满。所以在提出意见之前，可以先鼓励孩子去适应老师的教学方式，同时与其他家长进行交流，看是否其他孩子也存在同样的问题。如果多数家长都认为教学方式存在问题，那么可以集体与老师进行沟通和协商，共同寻求解决方案。

不合适的说法虽然语气比较委婉，但"传统"这样的词汇还是会让老师感到被冒犯，话语中也没有提到具体的问题或改进意见，只是简单表达了不满，难以促进积极的改变。

合适的说法并没有直接评价老师的教学方式，而是从孩子的角度出发，强调了孩子们对某种教学方式或活动的兴趣，提供了具体的、正面的反馈，让老师了解到孩子的需求和兴趣点，从而更容易接受和考虑改变教学方式。

当班主任打电话跟你"告状"，该如何应对

尽管你听到关于孩子的负面信息时会感到紧张不安，但保持冷静和礼貌是非常重要也非常必要的，要礼貌地感谢班主任花时间与你沟通，并表示你十分重视班主任的意见，可以说："我很关心他在学校的表现，请您告诉我具体发生了什么事情。"

对于班主任讲述的情况，要认真倾听，不要急于打断或辩解，倾听的同时**快速梳理班主任关注的问题**，并记下关键点以便后续沟通。在班主任描述完情况后，**询问更多的细节**，以便你更全面地了解问题。接着询问班主任是否有建议或解决方案，例如："您觉得我们应该如何一起帮助他改进呢？"

如果你认可班主任的解决方案，一定要强调你愿意与班主任合作，共同解决问题。如果你不认可班主任的解决方案，则要**以诚恳谦虚的态度进行再一次的协商**，可以说："可能由于我对具体情况不够了解，这个方案在我这里似乎并不完全行得通。我理解您在班级管理中的辛苦和考虑，也尊重您的决定，但我希望能够从另一个角度再探讨一下这个问题，您认为呢？"

在与班主任沟通时，**避免直接批评或否定孩子**，你可以表达对孩子行为的担忧，并承诺会与他讨论并帮助他改进。后续如果问题得到改善，感谢班主任的帮助和支持；如果问题仍然存在，与班主任一起寻找更多解决方案。

5

第 5 章

如何处理
纠纷与
"疑难问题"

5.1　如何处理校园霸凌问题

目前，校园霸凌已经成为一个全社会都非常关注的问题，它特指发生在学生之间，一方对另一方进行身体或心理上的恶意攻击和伤害的行为，这种行为可能包括肢体霸凌、言语霸凌、社交霸凌和网络霸凌等多种形式。

就小学生而言，最常见的霸凌方式是语言霸凌和社交霸凌，例如当众嘲笑、辱骂、取侮辱性绰号、挑唆伙伴关系、孤立排挤等；其次是肢体霸凌，例如推撞、打人、抢夺财物、损毁书本衣物等。

小学生校园霸凌行为的发生，主要原因有三种。第一种是因孩子的世界观、人生观和价值观尚不完善，缺乏辨别是非的能力，被外界不良因素诱导，如模仿电视或网络上的行为、为了"刷存在感"等；第二种是家庭因素，传统的打骂教育方式、父母无暇顾及孩子等，导致孩子缺乏关爱；第三种是学校因素，个别教师采用贬低、挖苦甚至体罚等不正确的教育方法，造成孩子出现心理问题。

遭受校园霸凌的孩子，可能会出现异常的情绪或行为，比如变得闷闷不乐或容易发怒、抱怨有同学针对他、对学习失去兴趣、拒绝去上学、不愿与同龄人社交、出现失眠和噩梦等睡眠问题等。家长应该密切注意孩子是否有反常表现，如果有反常表现可能意味着孩子正在遭受校园霸凌。

当孩子遭到了校园霸凌，作为家长，千万不能直接质问或责备孩子"为什么会被欺负"，也不要采取过激的行动来解决问题，比如直接找霸凌者及其家长理论，这可能会使问题更加复杂和严重。

首先要接纳孩子的情绪，给予孩子足够的安全感，让孩子知道家长是他们坚实的后盾。如果孩子遭受了身体伤害，要立即带孩子

就医，并采取措施保护孩子，防止伤害继续发生。如果孩子遭受了心理伤害，变得情绪低落、抑郁等，要及时寻求专业的心理帮助。

如果是家长发现了孩子受到校园霸凌，家长应该及时与班主任沟通，可以这样说：

● 老师您好，我是 ×× 的家长。我注意到最近孩子回家后情绪有些低落，经过与孩子的沟通，我了解到他在学校遭受了一些同学的霸凌。我想和您约个时间，详细谈谈这个情况。我希望能得到您的帮助，和您共同解决这个问题，保护孩子的权益和安全。

如果是班主任告知家长孩子受到校园霸凌，家长可以这样回应：

● 非常感谢您告诉我这个情况，您能告诉我具体发生了什么吗？我很担心孩子在学校的安全，我希望您能协助我们处理这个问题，确保孩子不再受到霸凌。

无论如何，在与班主任沟通时，都要保持冷静、客观和尊重，避免情绪化的言辞和指责、质疑的话语。对于孩子遭受霸凌的严重性，不要夸大其词，也不能轻描淡写，客观地陈述事实才更有利于问题的解决。

当孩子是校园霸凌的实施者时，作为家长，要第一时间制止孩子的霸凌行为，明确告诉他这是不被接受的。然后尝试了解孩子实施霸凌行为的原因，并进行深入的沟通，告诉他霸凌行为的后果，以及对被霸凌者造成的伤害。如果孩子的霸凌行为严重或频繁，家长可以寻求专业的心理咨询或教育机构的帮助。

虽然家长不能忽视或纵容孩子的霸凌行为，但也不能过度惩罚，避免孩子产生反感和叛逆心理。不要在沟通中指责、羞辱或暴力对待孩子，更不要逃避作为家长的责任，认为这主要是学校的问题。

如果家长发现孩子是校园霸凌的实施者，家长应该及时与班主任沟通，可以这样说：

● 老师您好，我是 ×× 的家长。我了解到孩子在学校对其他孩子实施了霸凌行为，我很担心这种行为会对其他孩子造成伤害，我也完全支持学校对霸凌行为的零容忍政策，希望我们能一起找到解决办法。

如果是班主任告知家长孩子是校园霸凌的实施者，家长可以这样回应：

● 非常感谢您的及时告知，我非常关心孩子的行为对其他孩子的影响，我会和孩子进行深入的沟通，并采取相应的措施，让他意识到自己的错误。我也会全力配合学校，一起找到问题的根源并帮助孩子改正。您有没有一些建议或资源可以推荐给我，帮助我引导孩子改正这个行为？

避免在沟通时为孩子的行为辩护或找借口，也不能指责班主任或学校，认为他们没有尽到责任，更不要认为这个问题不重要或只是"孩子之间的打闹"，要正视问题，并积极配合班主任解决。

5.2 如何处理争吵和打架问题

在小学生这个年龄段，孩子之间经常会发生言语冲突和身体冲突，这些冲突通常表现为吵架、骂人，甚至打架，它不仅会给孩子的日常学习和生活带来困扰，还可能会对他们的社交能力、情绪管理以及长期的身心发展产生负面影响。

小学生之间的矛盾通常始于一些很小的争执，比如能不能借东西、要不要一起玩、某个观点是否一致等。小争执可能会升级为激烈的争吵，孩子们可能就会开始大声喊叫、互相指责，甚至使用侮辱性的语言，而这些冲突最严重的表现形式就是打架，比如推搡、拳打脚踢等肢体行为。

进入小学阶段，孩子们不再像幼儿园时期一样受到老师们时时刻刻的照顾，但又尚未形成稳定的情绪管理机制，也没有掌握足够的有效沟通技巧，因此在发生矛盾时，他们可能无法很好地消化愤怒、挫败等负面情绪，容易通过具有攻击性的行为来表达。

另外，小学生还具有很强的模仿能力，他们可能会模仿家庭、社会或同龄人中的不良行为，包括骂人和打架。如果家庭中存在冲突的行为模式，孩子可能会模仿并应用到自己的社交行为中。

对于争吵和打架的小学生，我们不能一概而论地说他们是"坏孩子"，更不能简单地将这些行为归咎于品质问题，而应该以理解和包容的态度看待孩子的行为，通过适当的教育和引导帮助他们健康成长。

由于学校和班主任的管理，孩子们的冲突通常不会发展到十分严重的地步，甚至有的孩子"吵完就忘了"，上个课间刚吵过架，下个课间又玩到了一起，这都说明孩子可能具有良好的情绪恢复能

力。孩子们也逐渐理解到冲突是人际关系中不可避免的一部分，发生冲突并不一定意味着友谊的结束。

但是，这也不能掩盖很多孩子并不能够在短时间内从冲突中恢复过来，并重新建立积极社交关系的事实，对于这部分孩子来说，家长和班主任在情感上的关注、行为上的支持就很重要了。

无论是孩子主动向家长倾诉他们与同学产生了冲突，还是家长观察到孩子的异常并进行询问时得知，家长都要认真倾听孩子的想法，了解冲突的原因和经过，并评估冲突的严重程度，最终决定是否需要立即采取措施并寻求班主任的帮助。

如果冲突比较严重，对孩子的身体或心理都产生了很大的影响，那么就有必要与班主任沟通，家长可以这样说：

● 老师您好，我知道您工作非常繁忙，但我想和您沟通一下关于××今天在学校与同学起冲突的事情。我已经和孩子沟通过，了解了详细的情况。我非常担心这种行为会对他的成长产生不良影响，也担心他会因此与同学产生隔阂。我想听听您的看法和建议，看看我们如何能够共同帮助孩子，避免类似事情再次发生。

沟通时不要过度偏袒孩子，认为孩子完全没有错，也不要把错全部揽在自己孩子身上，逼迫孩子承认错误，而是以"打架是不正确的行为，无论是谁先动手"为准则，把重点放在解决问题上。

如果冲突发生时就被班主任发现了，并且可能严重到需要告知家长，那么此时该如何回应呢？

错误回应一

"我家孩子平时很乖的，怎么可能打架呢？肯定是对方先挑衅的。"否认孩子打架的事实，并试图推卸责任，实际上是在逃避问题。

这会让孩子觉得自己的行为没有错，更不可能教会他们如何改正错误和承担责任。

错误回应二

"发生这样的事情你们老师和学校是不是要负责任？"班主任是出于对孩子的关心才告知家长的，希望家长能够配合学校共同教育孩子，指责班主任或学校不仅无法解决问题，还会让班主任感到被误解和被攻击，进一步破坏家长和学校之间的合作关系。

错误回应三

"怎么会发生这样的事情？你们今天必须给我一个解释！"我们可以理解当家长听到孩子被打后愤怒、不满的情绪，但这样情绪化的表达并不利于有效沟通，只会让班主任感到压力或不适，导致双方无法冷静地讨论问题。

此时家长应该尽量保持冷静和理性，以更客观、更理性的态度来面对问题，比如可以这样回应：谢谢您及时告诉我这个事情，请问冲突的具体情况是怎样的？能否告诉我一下原因？我非常担心孩子在学校的安全，也担心他为什么会有这样的行为。您认为我们应该如何帮助孩子改正这种行为呢？我一定会加强对孩子的教育，积极配合学校的工作。

5.3 如何处理说谎的问题

根据心理学家的观察和研究，大多数孩子在成长过程中都会经历说谎的阶段，但这并不意味着他们是坏孩子，这只是成长过程中的一部分。

小学生说谎的形式多种多样，他们可能会编造事实、隐瞒真相、篡改事实等。例如，他们会因为害怕被父母责罚，所以谎报自己的考试成绩；也可能为了引起同学们的注意，谎称自己去过一个很有名的旅游景点；还可能为了获取零花钱、逃避做家务、不想写作业等一系列事情而编造各种理由。

究其原因，有的是因为父母或老师过于严厉，孩子因为害怕被惩罚而选择说谎；有的是因为说谎会让某件事情变得更容易或能够获得某种优势；有的是因为说谎能够获得众人的关注，从而满足自己的虚荣心；有的则是因为家人或周围人经常说话，孩子"有样学样"。

无论是什么原因，都不要给孩子贴上"说谎精""骗子"的标签，想想我们自己，谁又能百分之百保证自己小时候没有说过谎话呢？即便现在是成年人了，可能时不时都还需要撒个谎来应付某些事情，但我们并没有因此而变成"说谎精""骗子"。所以一定要明白，孩子现在做了什么并不代表他会一直这样做，贴标签才会更容易让他成为标签所描述的那类人。

如果家长怀疑自己的孩子说谎了，想要向班主任求证，可以这样说：

● 老师您好，我注意到 ×× 最近对某件事情的描述前后有些不一致，我有些担心他可能在说谎，我想知道您是否注意到孩子在学校的行为或言辞有任何异常呢？

如果家长确定自己的孩子说谎了，想要与班主任探讨，可以这样说：

● 老师您好，我有一些关于 ×× 行为上的问题想和您讨论。我发现孩子最近在某些事情上说了谎话，我对此感到非常担忧，担心这种行为会影响他的学习和品格发展。我想了解一下，您是否在学校也注意到了类似的行为？能否给我一些建议，让我能够帮助孩子认识到说谎的后果，并找到合适的方法来纠正这一行为呢？

对于孩子说谎的情况，不论是怀疑还是肯定，有些说法都是不合适的，比如：

● 过于武断的说法，"他肯定是在说谎，我一眼就看出来了"；过度夸大的说法，"这孩子整天谎话连篇，一句实话都没有"；忽视孩子的说法，"也不知道他怎么就开始说谎了，以前也挺好的啊"；质疑班主任的说法，"您都没发现这个问题吗"。

发现孩子有说谎的问题只是第一步，如何处理问题和预防问题再次发生才是最重要的。作为家长，我们应该反思自己有没有与孩子建立信任关系，让孩子知道无论发生什么事情，都可以向家长坦诚相告。

当孩子说谎时，他的内心也非常忐忑，家长不要过于严厉地责备孩子，而是应该适当地引导孩子认识到自己的错误，并鼓励他们勇于承认和改正。家长也要以身作则，表现出诚实、正直的品质，成为孩子的榜样。

如果班主任在校内发现了孩子说谎的情况，并告知家长，你可以这样回应：

● 非常感谢您及时告诉我这个情况，我也很重视孩子说谎的问题，您能详细告诉我一下孩子说谎的具体情况吗？我想了解更多的信息，以便于我们能一起找出原因，帮助他改正。我也会与孩子认真沟通，找出问题所在，并尽力配合学校和老师的工作。

即便你内心不愿承认孩子说谎的事实或对班主任所说的话心存疑虑，也不能直接否认"不可能，我家孩子从来不说谎"，或者在不了解详情的情况下试图辩解"孩子可能只是误会了，他并没有说谎的意图"，甚至质疑班主任"您怎么能确定孩子是在说谎呢"，这都会阻断家长和班主任之间的沟通，以后再出现类似的情况，可能班主任也不愿意再告诉家长了。

在你也认可班主任对于孩子说谎的判断时，你的态度同样也会影响班主任后续对事情的处理。如果家长认为"这只是个小事儿，没什么大不了的"或"孩子还小，不懂事儿，您不要太严厉了"，班主任可能就会对孩子放任不管，这并不利于孩子的健康成长；如果家长认为"孩子说谎了，肯定是老师没教好"或"我也不知道该怎么办，老师您全权负责吧"，班主任会认为家长在推卸责任，如此不合作的态度自然让班主任也提不起积极性。

5.4 如何处理偷窃的问题

偷窃通常表现为未经允许擅自拿取他人的物品，如玩具、文具、书本、零食等，这种行为可能发生在教室、操场、图书馆等公共场所，也可能发生在家庭中，偶尔也会发生在商店、超市等地方。

有的家长认为，会去偷窃的小学生肯定是学习差、道德败坏或家庭贫困的孩子，其实不然。调查表明，涉及偷东西的学生既有成绩优秀的，也有成绩较差的，家庭背景也各不相同，并没有非常明显或绝对的指向性。这说明偷窃行为与孩子的学习成绩、家庭是否富有之间的关系并没有大部分人想得那么紧密。

那么到底是什么影响了孩子，让孩子做出偷窃行为的呢？可能最重要的因素还是来源于心理发育和心理缺失两方面。从心理发育上来说，小学阶段的孩子道德观念尚未完全形成，他们可能还没有充分认识到偷窃行为的错误性和严重性，只是出于好奇或想要拥有某样物品而采取偷窃行为。而且小学生的行为很容易受到同伴的影响，如果他们的朋友或同学存在偷窃行为，他们可能会模仿，或者觉得偷窃是一种被接受的行为。

从心理缺失上来说，一些家庭可能存在缺乏关爱的问题，导致孩子因为内心感到缺乏关注、爱或其他必要的资源，试图通过偷窃来满足自己的需求；还有一些家庭存在过度溺爱的问题，导致孩子早期的偷窃行为没有被制止，从而愈演愈烈。

当发现孩子有偷窃行为时，首先要及时制止但不能反应过度。很多家长会在惊慌或愤怒的情况下指责孩子，甚至打孩子，殊不知这样的处理方式只会让情况更加糟糕。

处理偷窃行为时，可以通过故事、案例和换位思考等方式来帮助孩子认识到偷窃会给他人带来的伤害，学会尊重他人的财产权，并将重点放在如何归还东西或对他人进行补偿上。在弥补错误的过程中，家长要给孩子尊重和支持，帮孩子保全面子、改正错误，这样才能提升他们的自尊心，避免下一次的偷窃行为。而羞辱只会践踏孩子的自尊心，让他们产生逆反心理，甚至还会通过再次偷窃来挑战你的权威。

如果家长发现了孩子的偷窃行为，与班主任沟通时，可以这样说:

● 老师您好，我发现 ×× 最近有偷东西的行为，我已经和他谈过了，但他似乎并没有完全认识到这个行为的严重性，我担心这会影响他在学校的表现。您在教育孩子方面有丰富的经验，我想知道您是否遇到过类似的情况？您有什么建议吗？

如果班主任在校内发现了孩子偷窃的情况，并告知家长，你可以这样回应:

● 非常感谢您及时告诉我这个情况，对于孩子出现偷窃行为我也感到非常担忧，我明白这对他的成长和品格发展都是非常不利的。您觉得孩子为什么会这样做呢？我非常希望能与您一起解决这个问题。

想要预防偷窃行为再次发生，家长必须了解孩子的心理需求并给予适当满足，例如足够的关注、支持和鼓励等，要告诉孩子父母会无条件爱他们，但并不代表他们做错事也无须承担责任。

如果孩子偷东西是因为他们没有其他方式来得到想要的东西，那家长应该考虑在符合实际条件的情况下，如何有计划地给予孩子零花钱，可以让他们有自由支配的权利，引导孩子通过正当途径满足自己的需求，而不是通过偷窃这样的不正当手段。

　　当你发现孩子的同学有偷窃行为时，比如来家里做客的同学偷了家里的东西，既不能为了息事宁人就当没发生，也不能直接告诉孩子不要再与他来往，更不能当着众人的面羞辱他或以"抓小偷"的态度通知对方家长。而是应该以尊重的态度来处理，尽量避免使用"偷"的字眼来定性他，让他知道你是想帮助他，而不是在谴责他。

　　如果孩子的同学的偷窃行为比较严重，也建议不要直接跟对方家长联系，而是先跟班主任联系，你可以这样说：

● 老师您好，有一件事我觉得有必要让您知道。我注意到我家孩子在和 ×× 同学一起玩耍时，×× 同学似乎有偷窃的行为，他未经允许就拿走了我家孩子的物品。我不知道该如何处理这种情况，我希望得到您的建议和指导。您看是否有必要跟 ×× 同学的家长好好谈一谈呢？

5.5 如何处理意外伤害的问题

小学生正处于身体发育和好奇心旺盛的阶段，他们活泼好动，喜欢玩耍和奔跑，而且他们的安全意识相对较弱，有可能不了解某些行为可能带来的危险，或者对危险的判断能力不足。在玩耍过程中，他们可能会因为过于投入或兴奋而失去对周围环境的注意，所以意外伤害的发生常常难以避免。

有的意外伤害是孩子自己在活动中发生的，比如摔倒、碰撞、跌落、运动受伤等，伤害的程度轻重不一，有些可能只是轻微的擦伤或扭伤，而有些则可能导致脱臼、骨折等较严重的伤势。

有的意外伤害是孩子在一起玩耍时无意中造成的，比如在课间休息、体育活动或日常互动中，孩子们发生推搡、碰撞等。

不论是哪种意外伤害，都应立即进行初步处理，如清洗伤口、止血等，对于较严重的伤势，应及时送往医院进行治疗。受伤的孩子可能会感到害怕、焦虑或疼痛，班主任和家长应给予他们足够的关爱和安慰，帮助他们平复情绪。

为了防止类似的意外伤害再次发生，要了解事故发生的原因和过程，同时也要教育孩子认识到自己行为可能带来的后果，提高他们的安全意识。班主任在学生活动时应加强监管，及时发现和制止学生的危险行为，确保学生的安全。对于存在安全隐患的设施，学校应及时进行维修或更换，确保学生在使用时的安全。

如果孩子在学校自己不小心受伤了，但班主任并未发现，孩子也没有告诉班主任。等孩子回家后，告诉了家长，或是家长自己发现了，此时要不要跟班主任说呢？主要从两方面考虑。

第一，看孩子的伤势严重程度。如果伤势较轻，只是一些小擦伤或轻微的疼痛，那么可能不必立即告知班主任。但如果伤势较重，如需要医疗处理或持续疼痛，那么家长应该尽快告知班主任。

第二，看孩子受伤的原因。如果这次受伤只是一个偶然事件，且孩子已经康复，那么家长可以选择不告诉班主任。但如果这次受伤暴露出学校环境或设施存在安全隐患，或者孩子因为某种原因经常受伤，那么家长应该告诉班主任，以便学校能够采取措施确保孩子的安全。

当家长决定就此事与班主任沟通时，可以这样说：

● 老师您好，我发现 ×× 今天回家后身上有些小伤，他说是在学校不小心摔倒了。我有些担心，所以想了解一下具体情况。请问孩子在受伤时是否有老师或同学在场？他是否得到了及时的帮助呢？我也会教育他更加小心，避免类似的事情再次发生，也希望学校能进一步加强安全教育，预防意外发生。如果学校或老师需要家长做些什么，或者有任何建议，请随时告诉我，我会全力配合。

如果孩子在学校自己不小心受伤了，班主任及时进行了处理并第一时间告知了家长，你可以这样回应：

● 谢谢您及时告诉我这个情况，我很担心孩子的伤势，他现在情况怎么样了？是否需要去医院进一步检查呢？我理解这种意外是难免的，尤其是在孩子们活泼好动的年纪。如果需要家长做什么，或者有什么需要配合的，请尽管告诉我。

如果孩子是在学校与同学玩耍时，被同学无意中伤到了，在班主任并不知情的情况下，家长可以这样跟班主任说：

● 老师您好，我发现 ×× 今天回家后身上有些伤痕，他说是被同学无意中撞伤的。我想是否能请您了解一下事情的经过并告诉我具体的情况呢？我希望学校能加强对孩子们的监管，特别是在课间休息和体育活动时，确保每个孩子都能在安全的环境下玩耍。也希望我们能够经常交流，共同关注孩子的安全和成长。

如果同样的情况，班主任及时告知了家长，你可以这样回应：

● 非常感谢您第一时间通知我孩子的情况，这让我能够及时了解事情的始末。我相信您已经进行了妥善的处理，这让我感到很放心。请问是否需要我现在或之后带他去医院再看看呢？我会关注孩子的恢复情况，同时我也会和孩子沟通，让他更加注意安全。如果还有其他注意事项，您可以随时告诉我。

面对孩子受伤，每个关心孩子的家长都不可能无动于衷，但在与班主任沟通过程中将激动的情绪或不理智的话语展现出来，对于当前的状况并不会有任何帮助。以下这六种说法就是最可能出现但并不应该使用的说法。

错误说法一

指责学校或老师"怎么会发生这种事？你们是怎么看管孩子的？"

错误说法二

指责同学或家长"是谁让我家孩子受伤的？我得找他家长谈谈！"

错误说法三

忽视或轻视伤势"哦，就是一点小伤，没什么大不了的。"

错误说法四

过度放大事态"这件事非常严重，你们必须给我一个满意的答复！"

错误说法五

过度焦虑或恐慌"孩子怎么会受伤？他现在怎么样了？我要马上去学校看看！"

错误说法六

使用威胁性语言"如果你们不能确保孩子的安全，我就要考虑换学校了。"

孩子受伤，家长自然是担忧不已，但如果是自己的孩子不小心伤到了其他同学，那家长该怎么办呢？

家长应该了解事情的详细经过，遵循学校的规章制度，配合学校进行调查和处理。与受伤同学的家长取得联系，询问受伤同学的情况，表达歉意和关心，承担必要的责任，如支付医疗费用或提供其他形式的补偿。

对于自己的孩子，家长要安慰孩子，告诉他这不是故意的，但也要让他意识到自己的行为对他人造成了伤害并教他如何对自己的行为负责。同时教育孩子要学会控制自己的行为，避免类似情况再次发生。

如果班主任并不知道这个情况，家长也该坦诚地告诉班主任，你可以这样说：

● 老师您好，今天 ×× 回家后提到他在学校不小心撞到了另一位同学。孩子说这是个意外，他也很担心那位同学的情况。我想了解一下那位同学现在的情况如何？对方家长是否有与您联系呢？我们一定会承担起相应的责任，也会教育孩子以后在玩耍或活动时更加小心，避免类似情况再次发生。

如果是班主任告知你发生了这样的情况，家长可以这样回应：

● 非常感谢您第一时间通知我，请问受伤的同学现在怎么样了？伤势是否严重？我深感抱歉，如果需要，我会尽快与受伤的同学的家长取得联系，表达我们的歉意和关心，并承担相应的责任。如果学校有任何要求，我们也会全力配合，确保事情得到妥善解决。

5.6 如何处理损坏公物的问题

在小学生日常的校园学习生活中，损坏公物的情况时有发生，这些公物包括但不限于教室的桌椅、图书、教学设备，以及走廊、操场上的公共设施等。损坏的形式多种多样，这里主要讨论其中两种。

第一种是不小心损坏了公物。小学生由于年龄较小，身体协调能力和注意力往往发展不够成熟，容易在玩耍或活动时不小心碰撞到公物，导致损坏，比如不小心推倒了椅子、撞落了粉笔、打碎了窗户玻璃等。此外，部分学生在使用公物时缺乏正确的操作方法和安全意识，也容易导致意外损坏。

第二种是故意损坏公物。有些孩子出于好奇，想要尝试某些行为可能带来的后果；有些孩子则是为了吸引注意或寻求刺激，故意损坏公物；还有一些孩子因为与同学发生矛盾或受到批评，通过损坏公物来发泄情绪。

不论是哪种情况，家长都要避免过度反应，避免对孩子大吼大叫，更不能用"打一顿""揍一顿"来作为惩罚。要让孩子们知道，即便是犯了错误也没关系，还是会有弥补的机会，而且是在不必遭受羞辱的情况下。

同时，也要让孩子参与弥补的过程，比如用他们自己的零花钱去赔偿、自己动手修补被损坏的公物等，这样他们会知道如何对自己的行为负起责任，以后在面对类似情况时，也就会更加谨慎。

对于不小心损坏公物的孩子，家长要了解具体情况和孩子的感受，及时进行教育引导，向孩子解释公物的重要性，即便是无心之失，也会给学校或其他同学带来不便。如果是因错误操作导致的，则要教授他们关于公物的正确使用方法和相关的安全知识。

家长在协助孩子进行修复或赔偿之后，可以和孩子共同思考如何避免类似的事情再次发生。在整个过程中，家长应该采取积极的教育方式，给予孩子足够的支持和理解。不要只将重点放在如何教育、如何赔偿上，也要关注孩子的心理健康，观察孩子是否因为害怕、内疚、懊恼而产生负面情绪，并及时进行心理疏导。

如果孩子放学回来告诉你，他在学校不小心损坏了某样公物，没敢告诉班主任，作为家长，首先要理解孩子的害怕与胆怯，也要肯定孩子告诉你实情的勇气，而解决问题的第一步便是与班主任联系。你可以这样说：

● 老师您好，我想和您沟通一件事。×× 回来告诉我他在使用 ×× 时不小心把 ×× 损坏了，我知道这可能会给学校带来一些麻烦，所以我认为有必要向您报告这个情况。不知道学校对于这种情况通常是如何处理的呢？作为家长，我愿意遵守学校的规定，和孩子一起承担后果，比如赔偿损失或协助修复。

如果是班主任告知家长的，你可以这样回应：

● 非常感谢您及时通知我，也非常抱歉发生了这样的事情，您能详细告诉我一下发生了什么事情吗？我想更清楚地了解整个情况。我会和孩子一起承担责任，请您告诉我需要怎么做。我也会和孩子好好沟通，教育他爱护公物的重要性。

对于故意损坏公物的孩子，除了进行教育和做出赔偿之外，还要深究孩子这一行为背后的原因。如果只是好奇的尝试，可以制订一些规则来加以规范，比如在使用公物时要小心谨慎、不要随意触碰等；如果是为了引人注目，可以多加关注孩子的心理健康状况，帮助他们树立正确的道德观和价值观；如果是为了发泄负面情绪，则要与孩子冷静沟通，给予孩子表达自己情绪的机会，教授一些正确的情绪应对方法。

在和班主任沟通时，除了上文所提及的，还可以与班主任讨论一下孩子这么做的原因，也可以请求班主任给予帮助，比如这样说：

● **您是否知道他为什么会这样做呢？我希望您能给予我一些建议，告诉我应该如何引导孩子，避免他再次犯这样的错误。**

有些家长可能害怕孩子被惩罚，也可能为了维护自己的面子，会用"孩子不是故意的，他肯定是无心的""你确定是我家孩子弄坏的吗？也可能是别人啊"之类的说法来试图掩盖或否认已经存在的事实，这样做不仅无法解决问题，反而会对孩子的成长产生负面影响。

还有些家长不以为意，认为只是孩子淘气，弄坏些东西没什么大不了的，会用"不过就是坏了点儿东西，没什么大事儿，我肯定会赔的，不用这么小题大做吧"之类的说法来无视问题的严重性，这种态度傲慢且不负责任，从中可以窥见家长对孩子的健康成长也不够重视。

如果对班主任的处理意见不满意，怎么办

当孩子在学校发生一些事情或出现一些问题时，家长不可避免地要和班主任打交道，如果班主任的处理方式与家长的想法不谋而合，当然是最好的，但是如果家长对班主任的处理意见并不满意，可以借鉴以下的做法。

首先，家长应该尽量保持冷静和理性，避免情绪化地处理问题，这也有助于更好地沟通和解决问题。然后家长应该向班主任、孩子以及可能的目击者详细了解事情发生的经过和原因，确保对问题有一个全面的了解。

在了解清楚情况后，家长可以进一步与班主任沟通，秉持着尊重的态度，条理清晰地表达自己的看法，提出合理的建议和要求，并尝试寻求双方都能接受的解决方案。

不论你认为班主任的处理方式多么不合理，都不应该情绪化地指责，这只会加剧矛盾，并不利于问题的解决。当然，更不能采取过激行动，如闯入学校对班主任进行人身攻击等，这可能会导致更严重的后果。

另外，家长也应该反思一下自己对于班主任处理方式的不满，究竟是来自哪里。真的是班主任不公平、不公正吗？还是出于袒护孩子的私心呢？如果是前者，当然可以理直气壮地去跟班主任再次沟通；如果是后者，那就应该先处理好家庭关系问题，学会不过度保护孩子，让孩子学会承担责任和面对问题。